Das Haus gegenüber

Das Haus gegenüber, 2014

Annegret Wienberg

Das Haus gegenüber

Eine Geschichte aus dem Findorff

Mit 33 Abbildungen

Edition Falkenberg

Für *Angela*,
die mich in die Eisdiele gelockt hat,
für *Gaby*,
die mich auf die Idee mit den Fotos
gebracht hat,

und
für *Beta*,
die die Seele des Hauses war.

Das Haus, 2014

Das Gebäude gegenüber,
die Missler-Hallen, ca. 1907

Im Mittelpunkt dieser »Geschichte« steht *das Haus*, zu Beginn des 20. Jahrhunderts im Bremer Ortsteil Findorff, in der Hemmstraße, von einer Kohlhökerfamilie erbaut. Vier Generationen hat es kommen und gehen gesehen, ihre Träume, Wandlungen und Enttäuschungen miterlebt.

Aber es ist auch Zeuge der pittoresken Wandlungen des gegenüberliegenden Gebäudes, im Volksmund »Missler-Hallen« genannt, dessen Funktion nicht von privaten Bedürfnissen, sondern von öffentlichem Interesse bestimmt wurde. Und so greift *das Gebäude gegenüber* in das Leben der Bewohner des Hauses ein, ohne dass diese sich diesem Einfluss entziehen können. Für sie ist der Blick aus dem Fenster auch immer ein Blick in die Bremer Geschichte und spiegelt den öffentlichen Teil ihres Lebens wider.

I

1905 bis 1945

1

An lauen Sommerabenden sitze ich vor der Eisdiele, löffle genussvoll meinen Erdbeerbecher und
betrachte das Haus auf der gegenüberliegenden
Straßenseite. Ich muss meinen Stuhl ein wenig
nach rechts rücken, damit ich es voll im Blick habe.
Am Zaun lehnt ein Fahrrad.

Häuser haben einen Charakter. Sie haben ein
Leben, ein Geheimnis. Sie erzählen eine Geschichte.
Dieses Haus macht da keine Ausnahme. Ich
sollte ihm einen Kranz flechten, einen Toast aus-
bringen, wie es bei seinem Richtfest vor hundert Jahren geschehen ist. Die Leute sagen, es sei
mein Elternhaus. Ich widerspreche dem gerne.
Es ist mein Mutterhaus, mein Großmutterhaus.
Mein Ur-Großeltern-Haus. Das Haus von Hermann und Metta. Sie haben es erbaut vor hundert Jahren, damals, als sie 1905 ihre Kohlhökerei
im nahen Utbremen aufgaben, die Gemüsebeete,

Hermann in der Hoftür, 1939

den Hühnerstall, den Schweinestall. Der »Umstände halber«, weil rauchende Industrieschlote den Anbau von Gemüse und Grünzeug unmöglich machten. Und so aus Kohlhökern »Privatiers« und aus Marie und Beta stolze Bürgertöchter machten. In der damals noch spärlich besiedelten Hemmstraße, die neben einigen wenigen Gründerhäusern vor allem noch durch bäuerliche Höfe geprägt war. Ein kleiner Verschlag für die Hühner, ein kleines Beet mit Salat, Radieschen und Erbsen im Hof des neu erbauten Hauses, das war alles, was an die zurückgelassene Vergangenheit von Hermann und Metta erinnerte.

Beta, Metta und Hermann (v.l.), Kohlhökerei in Utbremen

Marie und Beta, 1912

2

Anfangs steht es noch ziemlich allein da. Das Haus.
Abgesehen von dem markanten Gebäude vis-à-
vis, vor dem ich jetzt sitze. Ich stelle mir vor, wie
es hier vor Menschen wimmelt, die auf der Durch-
reise sind und auf das nächste Schiff nach Amerika
warten. Sie sprechen nicht die Sprache von Hermann und Metta. Sie sprechen polnisch, russisch,
slowenisch. Auch sie haben ihr Leben zurückgelassen, ein viel ärmeres. Und hoffen auf ein reicheres
in der neuen Heimat. Sie gehen oft am Haus vorbei und betrachten es heimlich. Hätten sie in ihrer
Heimat ein solches Haus gehabt, sie würden nicht
in Amerika auf ein besseres Leben hoffen.

Das Haus ist geschmeichelt. Eine Treppe führt
von der Straße ins Hochparterre. Es gibt einen Balkon und einen Wintergarten zum Hof hinaus, eine Veranda, einen Windfang und noch einen Wintergarten zur Straße hin. Ein typisches Bremer
Haus also? Nicht ganz, denn sein Giebel hebt sich

bescheiden, fast sparsam, vom Unterbau ab. Hier oben in der Mansarde residiert, ebenso sparsam wie bescheiden, das Personal. Das Mädchen. Kaum sechzehn Jahre alt und Mädchen für alles.

Schwere Eimer und Kannen mit Wasser muss es nun nicht mehr vom Brunnen ins Haus tragen. Das Wasser fließt jetzt aus einem Hahn in der Küche. Direkt in den Gossenstein. Das Haus ist stolz auf seine technischen Neuheiten.

Stolz auf das elektrische Licht. Marie und Beta verrichten mit Geschick und Akkuratesse die Näh- und Stickarbeiten für ihre Aussteuer nun nicht mehr beim Dämmerschein einer blakenden Petroleumlampe. Die Monogramme in den Nachthemden und die Kreuz-, Platt- und Stilstiche in den Tischdecken sehen sie jetzt in einem ganz anderen Licht.

Und das Haus ist stolz auf das »Wasser-Closett«. IM Haus. Besonders Hermann und Metta genießen auf ihre alten Tage diese Form des Komforts, die an kalten und regenreichen Tagen fast schon an Luxus grenzt.

Beta mit dem Rosenhut (li.), Metta und Marie, 1912

Beta mit ihrem Mann Heinrich (vorne rechts) und Freunden 1913

3

Heute ist das Haus eines der wenigen seiner Art, die der Hemmstraße geblieben sind. Zu seiner Zeit muss es allerdings mit anderen seines Typs konkurrieren. Denn rundherum erwacht neues Leben. Häuser schießen wie Pilze aus dem Boden. Hohe Häuser in direkter Nähe. Nun muss es sich ducken, das Haus, sich als einziges durch einen Zaun schützen.

Und hebt sich so doch wieder eine Nasenlänge von den anderen Gebäuden ab. Es streckt einfach seine Nase weit nach vorn, die Nachbarhäuser müssen hinter ihm zurückstehen.

Die Straßen werden gepflastert, das Trottoir hochgelegt. Bäume werden gepflanzt. Bald rumpelt sogar eine Straßenbahn vorbei. Das Haus muss den Kopf nur ein wenig nach rechts drehen, dann hat es die Elektrische im Blick.

Stolze junge Frauen sieht man aussteigen und die Treppe zur Veranda hinaufschreiten. Die junge Marie im verspielten weißen Organzakleid, den

Sonnenschirm kokett drehend. Und die nicht minder attraktive Beta mit ihrer gediegenen Vorliebe für große Hüte, mit Federn und Blumen, Vögeln und riesigen Hutnadeln dekoriert. Einen Schwarm übermütiger und kichernder Backfische hinter sich herziehend.

Das Haus schmückt sich gern mit ihnen. Bis sich der Schwarm junger Mädchen in eine Schar unternehmungslustiger junger Herren mit Kreissäge und Spazierstock verwandelt. Und Marie und Beta eines Tages am Arm dieser Herren die Treppe von der Veranda wieder hinunterschreiten. Im weißen Kleid und für immer und ewig.

4

Das Haus macht das Beste daraus. Es wendet den Blick nach außen. Es kann sich nicht sattsehen an dem Leben und Treiben ringsherum. Es bleibt an seinem Platz stehen, und die Welt kommt zu ihm. Das prägt auch seine Bewohner. Nie werden Hermann und Metta das Bedürfnis verspüren, in die weite Welt hinauszugehen. Die Welt kommt zu ihnen. Sie leben in ihrem Mittelpunkt. Sie brauchen nur aus dem Fenster zu schauen auf das Gebäude vis-à-vis und stehen mitten in der Weltgeschichte.

Das Gebäude wechselt regelmäßig seine Bestimmung, je nach den Erfordernissen der Zeit. Und die wechseln schnell. Viel zu schnell. Kaum sind die osteuropäischen Auswanderer abgereist, ziehen verwundete Soldaten ein.

Der Weltkrieg ist ausgebrochen. Der Erste. Das Gebäude wird zum Lazarett. Vorübergehend. Straßenbahnen mit roten Kreuzen bringen nun Verletzte herbei.

Wenn Hermann aus dem Fenster schaut und die weiß bandagierten Männer an Krücken vorbeihumpeln sieht, ist er froh, dass er in diesem Krieg zu Hause bleiben darf.

Ein paar Jahre später zeigt ihm der Blick aus dem Fenster, dass es Bürgerkrieg geben wird. Er sieht die Männer des Freikorps Caspari gegenüber einziehen. Sie sollen den Bremer Räteaufstand niederschlagen, die neu gegründete Sozialistische Republik Bremen zerschlagen. Blutig. Sie tun es mit Erfolg. Als das Korps seine Aufgabe erfüllt hat, zieht es ab.

Und als Metta ein Jahr später aus dem Fenster blickt, sieht sie wieder Uniformen vor dem Gebäude gegenüber aufmarschieren. Die neu gegründete Sicherheitspolizei, neun Hundertschaften stark. Metta braucht keine Zeitung. Ein Blick aus dem Fenster genügt. Und Hermann ist wieder froh, dass er zu Hause bleiben kann.

In seinem Haus, das von den politischen Wirren unbeeindruckt bleibt. Doch in seinem Inneren spielt sich die kleine Weltgeschichte ab, sieht es Krankheit, Leid und Tod.

Von links: Hermann, ein Verwandter mit Tilla auf dem Schoß, Beta auf der Veranda des Hauses, 1921

Beta kommt zurück. Nun im schwarzen Kleid. An der einen Hand die kleine Tilla, in der anderen das Bild von Heinrich. Das Bild findet Platz über der Chaiselongue, die kleine Tilla auf Hermanns großväterlichem Schoß.

Doch noch jemand hält Einzug ins Haus und beansprucht einen festen Platz im Flur: Heinrichs riesiger Panzerschrank – Betas Erbstück. Sein Fassungsvermögen reicht kaum aus, die Millionen- und Billionen-Mark-Scheine aufzunehmen, die notwendig sind, um die kleine Familie für eine Woche zu ernähren. Niemals später wird Beta wieder so viel Geld ihr Eigen nennen, niemals später wird sie einen Koffer statt eines Portemonnaies zum Einkaufen mitnehmen müssen – nicht des Pfund Butters, sondern der Billionen wegen.

Dafür verlässt Metta das Haus. Ohne Aufsehen, still und ohne Aussicht auf Wiederkehr.

5

Die Reichsmark stoppt den Währungsverfall. Und zieht doch den Verfall der Regierung nach sich.

Die Zeit wandelt sich. Wieder einmal. Und mit ihr das Gebäude gegenüber. Es wird umgebaut. Und umbenannt. »Hotel Amerika« heißt es nun, später »Lloydheim«. Ein »Hotel Sehnsucht« für alle Gestrandeten. Die Auswanderer, die jetzt dort ein- und ausgehen, sprechen deutsch. Ihre Kleidung zeichnet sich nicht mehr durch Ärmlichkeit aus. Sie übernachten nicht mehr in riesigen Hallen, sondern in Zimmern!

Sie haben den Krieg hinter sich gelassen. Den Ersten. Und die Ungewissheit der Zukunft. Und hoffen auf Gewissheit und Frieden in einer neuen Welt.

Auch das Haus bemüht sich, den Anforderungen der Zeit und seiner Bewohner gerecht zu werden, über Stilbrüche hinwegzusehen. Die filigrane Glasveranda wird durch eine gemauerte ersetzt, mit Glasdach und durchbrochen von großen Fenstern. Stilbrüche eben, wie die Zeit sie mit sich bringt. Es ist nicht zu übersehen: Das Haus verliert an Charme.

Doch den Stil, den es außen vermissen lässt, bewahrt es im Inneren. Hier liegen seine wahren Werte, das kunstvoll gedrechselte Treppengeländer, die Ölgemälde und Teppiche, Kredenz und Büfett aus dunklem Mahagoni, gefüllt mit Silberbestecken, Kristallgläsern, edlem Porzellan, bestickten Tischdecken mit Monogramm. Die Heidelandschaft in Öl und das Schiff in stürmischer See.

Der hintere Wintergarten – zur dunklen Nordostseite gelegen – ist ein wirklicher Wintergarten. Kein Sonnenstrahl findet seinen Weg hierher.

Doch an seinen Wänden blühen die Rosen und Vergissmeinnicht, wiegt sich das Schilf im Wind, summen die Bienen und zwitschern die Vögel in den Bäumen.

Ein Kleinod von Garten – von Künstlerhand geschaffen. Wer in diesem Garten sitzt, lässt den Blick schweifen über den See bis zur Kathedrale auf der

Wintergarten mit Bemalung, wahrscheinlich von
Johann Fokken, Betas Cousin

anderen Uferseite. Lässt den Blick schweifen über die dahinterliegenden Berge und die Burgruine.

Nur die Eisblumen am Fenster, die im Winter den Blick nach draußen versperren und der Phantasie eigene Flügel verleihen, sind ein Werk der Natur.

Den Charme bringen die jungen Damen mit, die nun, mit zeitgemäßem Bubikopf und im kniefreien Charleston-Kleid, kichernd die Treppe zur Veranda hochsteigen. Tilla öffnet ihnen die Haustür.

Backfische, deren Phantasie beflügelt ist von Freundschaftsversprechen, die wie die Rosen, Tulpen und Nelken im Wintergarten niemals verwelken. Und die sich in Tillas Poesiealbum als Veilchen im Moose verewigen, bescheiden, sittsam und rein. Voller Romantik und nicht ahnend, dass sie unromantischen Zeiten entgegen gehen.

6

Die Zeit geht mit der Zeit. Das gegenüberliegende Gebäude auch. Wenn Hermann jetzt aus dem Fenster schaut, sieht er Männer vom Freiwilligen Arbeitsdienst dort auf- und abgehen. Wieder ist es zur Kaserne geworden.

Und wenn Beta hinüberschaut, auf die andere Seite, sieht sie Männer in braunen Uniformen die Hacken zusammenschlagen und zackig grüßen. Im Schutz der Dunkelheit passiert hier Unheimliches. Heimlich fahren Wagen vor und entladen Menschen.

Als Hermann in einer schlaflosen Nacht die Fenster öffnet, hört er Schreie von gegenüber. Schreie von inhaftierten Marxisten und Kommunisten, Sozialisten und Gewerkschaftern, politisch Unbequemen. Ausgestoßen unter den Schlägen von Gummiknüppeln. Übertönt von lautstarkem Trompetenlärm. Er schließt das Fenster und beschwert sich.

Doch nicht nur die Nachbarn beobachten das Geschehen. Auch die Bremer Zeitungen berichten darüber. Bis die neue Regierung einige von ihnen zum Verstummen bringt. Die Häftlinge aber verstummen nicht. Das Gebäude gegenüber gerät in den Fokus der Weltpresse. Es ist nicht zu überhören: aus der Kaserne ist ein Konzentrationslager geworden. Es hat sich den neuen politischen Verhältnissen angepasst.

Gerüchte finden ihren Weg nach draußen. Gerüchte von Folter und Tod. Sie werden auch in Russland vernommen. Die Großfürstin Maria, eine Cousine des Zaren, begutachtet höchstpersönlich das Gefängnis - und findet ein Potemkinsches Dorf vor. Wieder einmal beweist das Gebäude seine Vielseitigkeit.

Doch die Beschwerden häufen sich. Das Lager wird aufgelöst. Verlegt. Dorthin, wo niemand die Schreie hören kann. Danach wird es wieder ruhig in der Umgebung. Das Haus atmet auf. Hermann auch.

Aber die Entspannung ist nur von kurzer Dauer. Reisende und Touristen ziehen gegenüber ein. Auch sie warten auf einen Platz auf einem Schiff, wie schon die Menschen 40 Jahre vor ihnen. Doch ihr Schiff soll nicht ferne Welten ansteuern und sie fremden Kulturen näher bringen, es soll ihnen „Kraft durch Freude" spenden. Auch sie sprechen nicht Hermanns Sprache. Von nun an schweigt er.

Das Haus hat seine Bewohner geprägt. Nie wird Beta bereit sein, den rechten Arm zum Gruß zu heben, nie wird sie das Bedürfnis verspüren, zu verreisen oder gar mit einem Schiff zu fahren.

Und nie wieder wird Hermann aus dem Fenster schauen. Ohne Aufsehen verlässt er das Haus, still und ohne Aussicht auf Rückkehr.

Das Haus hat ein Souterrain. Hier residiert eine Fleischerei, dann ein Gemüseladen, später führen hier zwei ältere Damen ihre Kurzwarenhandlung, noch später hält eine Pferdeschlachterei Einzug. In der Nachbarschaft gibt es einen Seifenladen, eine Schuhmacherei, ein Fischgeschäft, eine Bäckerei, einen Milchladen. Alles zum Leben Notwendige liegt in unmittelbarer Nachbarschaft. Die Bewohner des Hauses könnten zufrieden sein.

Dann kommt der nächste Krieg. Der Zweite.

Wenn Tilla aus dem Fenster schaut, sieht sie Marinesoldaten im Gebäude gegenüber ein- und ausgehen. Einige Monate später kommen sie verwundet auf einer Trage liegend zurück. Aus der Kaserne ist wieder einmal ein Lazarett geworden. Doch es ist ein vielseitiges Gebäude. Auch die U-Boot-Besatzungen der AG Weser werden hier auf ihren Kriegsdienst vorbereitet.

Lebensmittel gibt es bald nur noch auf Karten. Wie gut, dass der Fleischermeister im Souterrain so großzügig abwiegt. Das spricht sich herum. Die Menschen stehen Schlange vor dem Haus. Das fühlt sich geschmeichelt. Und für Beta und Tilla fallen kleine Zusatzrationen ab.

Tilla und Hermann im Boot, ca. 1935

8

Einen jungen Mann sieht man nun immer häufiger die Treppe zur Veranda hochspringen, sportlich dynamisch und mit federndem Schritt. Tilla öffnet ihm die Tür. Mit seiner Briefmarkensammlung und seinen Träumen beansprucht er Platz im Haus. Und in Tillas Leben. Dem alten Hermann folgt ein junger Hermann.

Das Haus wird allen gerecht. Auch dem jungen Paar. Der Balkon, der den Blick auf die Reihenhäuser der umliegenden Straßen freigibt, wird zugemauert, wird zu einem schützenden Raum, der dem jungen Paar den Rückzug in seine eigene Welt ermöglicht.

Doch auch der Schritt des jungen Hermann wird bald schleppender, die legere Sportkleidung weicht der weniger kleidsamen Uniform eines Gefreiten. Immer seltener kann er sich in die geschützten Räume zurückziehen, immer häufiger muss er ins »Feld«. Nicht um zu ackern, sondern um zu töten.

Auch Beta und Tilla müssen immer öfter die Obhut des Hauses verlassen, immer öfter die Sicherheit der Bunker aufsuchen.

Das Haus bleibt stiller Beobachter. Bis die Bomben fallen. Nun ist es selbst betroffen. Und getroffen. Von einer Brandbombe, die durch das Dach mitten in Betas Bratentopf fällt. Beta kommt mit dem Schrecken und einigen Fettspritzern davon. Das Haus auch. Ein Haus im Glück eben.

Auch die zweite Brandbombe überlebt es. Dank Hermann, der den Blindgänger auf einer Kohlenschaufel mutig aus dem Haus trägt. Und ihm das Überleben sichert. Dem Haus.

Sein eigenes kann er nicht sichern. Es wird der letzte Dienst sein, den Hermann dem Haus erweisen soll. Auch sein Bild findet bald einen festen Platz über der Chaiselongue. Seine Briefmarkensammlung, die

Hochzeit von Tilla und Hermann, 1942

Träume von der großen weiten Welt, verstauben für lange Zeit auf dem Dachboden.

Stolz hält das Haus seine Position inmitten von Krieg, Chaos und Trümmern. Nur die Gartenpforte hat Rost angesetzt und quietscht.

Doch die Sicherheit, die es seinen Bewohnern gewähren kann, ist eine trügerische. Ihren wertvollsten Besitz, das Brautkleid und die silbernen Löffel, Messer und Gabeln, vergräbt Tilla vorsorglich auf dem Lande. Im Garten von Hermanns Verwandten, um sie vor der Zerstörung zu retten. Und vor den Besatzern.

Dann kommen die Engländer und durchsuchen das Haus. Dann die Amerikaner. Drehen die Möbel um. Gucken in jeden Winkel und jeden Schrank. Und treffen doch nur auf eine ältere Witwe und auf eine junge Mutter mit einem Säugling im Arm. Jedes Mal, wenn Besatzer das Haus durchsuchen, legt die Mutter den Säugling an die Brust. Ein archaisches Bild, das auf die Soldaten nicht ohne Eindruck bleibt.

Tilla auf dem Balkon,
mit Blick auf die Admiralstraße, 1939

9

Dann kommen die Flüchtlinge. Sie werden im oberen Stockwerk des Hauses einquartiert, in der Mansarde. Beta, Tilla und der Säugling müssen zusammenrücken. Wenn auch keinen Ersatz für Heimat, so bietet das Haus den Geflüchteten doch wenigstens ein Dach über dem Kopf.

ෆ ෨

II

1945 bis 2005

Klein Annegret auf der Eingangstreppe, 1949

10

Der hintere Wintergarten war fortan mein Zimmer.

Doch das Schilf, das sich so sanft im Wind wiegte, die Vögel, die in den Zweigen nisteten, die Seerosen auf dem Teich gab es nicht mehr. Auch der Storch, der Tilla ins Bein gebissen hatte, war verschwunden. Dicke weiße Farbe hatte ihnen den Tod gebracht. Und erweckte nun den Anschein, als hätte es sie nie gegeben – die Rosen und die Schmetterlinge, die sich mit unendlicher Leichtigkeit von Blüte zu Blüte bewegten.

Nur die Eisblumen, schillernd und kalt, malte noch jedes Jahr der Winter an die Fenster. Und der kam regelmäßig und streng in diesen Nachkriegsjahren.

Der Stolz des Hauses und meiner Großmutter war nun die Veranda. Geranien schmückten die Fenster und eine weiß lackierte Holzbank lud zum Verweilen ein. Nicht nur die Bewohner und Besucher. Überdacht, trocken und windgeschützt, bot sie allen Gestrandeten Obdach, die keine vier schützenden Wände ihr Eigen nennen konnten. Und die

Beta auf ihrer Bank auf der Veranda, 1963

im gegenüberliegenden Obdachlosenheim kein Bett oder keinen Einlass mehr fanden.

Wenn Beta morgens die Haustür aufschloss, fand sie nur noch das, was jene Heimat- und Wohnungslosen zurückgelassen hatten. Was Schlafgäste eben so zurücklassen, bevor die Zeitungsfrau kommt.

Für mich wurde das Haus zu einem Hort voller Geheimnisse und dunkler Winkel. Verschlossene Türen, wie jene zum Boden, die nur selten geöffnet wurden, bereiteten mir stets einen wohligen Schauer.

Schätze häuften sich hier, der Baukasten meines Vaters und seine Briefmarkensammlung. Wäschetruhen, um deren Inhalt viel Aufhebens gemacht wurde und die man nur vor ganz besonderen Festtagen öffnete. Um jene Tischdecken mit Kreuz-, Platt- oder Stilstich für einen begrenzten Zeitraum dem Tageslicht auszusetzen und dem bewundernden Blick der vorwiegend weiblichen Kaffeegäste vorzulegen.

Und Bücherkisten belagerten den Boden, in denen Tilla die Begleiterinnen ihrer Jugend versteckt hielt – Nesthäkchen, Goldköpfchen und Trotzkopf. Wobei Erstere Tillas Naturell am nächsten kam, Letztere wohl eher dem meinen.

11

Die dunkelste Seite des Hauses aber war der Keller. Ihn liebte ich nur tagsüber. Schon der Abstieg brachte mir manch unfreiwillige Rutschpartie und blaue Flecken ein. Am Abend verstärkte sich diese dunkle Seite noch und bot meiner überschäumenden Phantasie alle Variationen des Grauens an. Schwarze Männer mit Säcken über dem Kopf kippten pechschwarze Eiform und Briketts die Kellertreppe hinunter. Nachdem wir sie sortiert und im hintersten Raum gestapelt hatten, krochen wir genau so schwarz wie sie ans Licht.

Im vorderen Keller ging es heimeliger zu. Hier lagerten die Winteräpfel, die Boskop und Cox Orange, die Eier, die Mettwürste, die Gläser und Flaschen mit Eingemachtem, mit Mirabellenkompott, Erdbeermarmelade, Kirschsaft, Apfelmus. Hier horteten wir die Kerzenreste, die uns bei den häufigen Stromausfällen Erleuchtung bringen sollten. Dazwischen keimten die Kartoffeln vor sich hin.

Doch der Untergrund hatte auch eine lichte Seite, die Waschküche. Mit Gartentür und Gartenfenster, auch wenn der Garten nur ein kleiner Hof war. Ein riesiger gemauerter Waschkessel füllte eine Ecke des gefliesten Raumes.

Einmal im Monat war Waschtag. Bereits am Abend zuvor wurde der Kessel von unten mit Holzscheiten bestückt und angezündet. Eimerweise schleppten wir Wasser herbei, das über Nacht erhitzt werden musste.

Am Tag darauf war das ganze Untergeschoss in Dampf gehüllt. Wäschestücke wurden im Kessel gekocht und mit einem ruderähnlichen Holzstab gerührt, dann auf dem Waschbrett mit Kernseife gerubbelt und durch verschiedene Bottiche mit klarem Wasser gezogen, bevor sie im Hof auf der Leine flatterten.

Waren sie getrocknet, wurden sie mit Menschenkraft durch die Mangel gedreht. Ebenfalls ein fester Bestandteil der Waschküche. Dieser Tag war der spannendste im ganzen Monat, wenn die Waschfrau kam und alle sonst geltenden Regeln außer Kraft gesetzt waren.

An zwei bestimmten Wochen im Jahr herrschte allerdings striktes Waschverbot. Zwischen dem Tag des Heiligen Abends und dem Tag der Heiligen Drei Könige. Wer sich in dieser Zeit über das Verbot hinwegsetzte, der musste im kommenden Jahr Totenwäsche waschen. Diesen Aberglauben hatte Beta bereits mit der Muttermilch aufgesogen. Eine Familientradition, die weit bis in die Zeiten Wotans zurückreichte und von ihr bis ans Ende ihres Lebens gepflegt wurde.

Flatterte keine Wäsche auf der Leine – abgesehen von der schicksalsträchtigen Zeit zwischen den Jahren – wurden die Teppichklopfstangen ihrer eigentlichen Bestimmung zugeführt. Hier konnten Beta und Tilla im Frühling auf legale Weise ihren Winterfrust abbauen.

Hinterhöfe haben ihren eigenen Charme. Wo einst die Hühner pickten, blühte die einzige Pflanze, die diese Bezeichnung verdiente: eine rosa Hortensie. Sie hatte den Krieg und vieles mehr überlebt. Bereits Metta hatte sich davor mit ihren Töchtern stolz dem Fotografen gestellt.

Der übrige Hof gehörte mir. Ein Sandhaufen in der Ecke diente als Experimentierfeld in Sachen Kuchenbacken. Hier fuhr ich meine Puppen spazieren, hier lernte ich Dreirad fahren, hier war

*Im Sandkasten,
1948/49*

*Fräulein Fieseler vom Kurzwarenladen schaut aus
dem Fenster, 1948/49*

mein Schutzraum zwischen Ruinen und hohen Mehrfamilienhäusern.

Ruinen, auf deren zugewachsenen Trümmern wir im Winter eine Rodelbahn oder Glitsche bauten. Ruinen, aus denen im Frühjahr die schönsten und buntesten Blumen sprossen. Ruinen, in deren zugeschütteten Kellern wir verbotenerweise nach Metall und Eisen tauchten, um uns beim Schrotthändler ein kleines Taschengeld von ein oder zwei Groschen zu verdienen.

Gegenüber vom Schrotthändler, der ebenfalls im Keller eines zerbombten Hauses residierte, stand eine kleine Holzbude. Hier gab es alles, was unsere Herzen für kurze Zeit höher schlagen ließ vor Glückseligkeit: Lutschstangen, Lakritzschnecken und Tüten mit Brausepulver, das man auf den schmutzigen Handrücken streuen und ablecken konnte. Was ein wunderbar kribbeliges Gefühl auf der Zunge verursachte.

Verheißungen für fünf Pfennig das Stück. Mit nach Hause nehmen durften wir das erwirtschaftete Geld nicht. Klangen uns die Verbote unserer Eltern doch nachhaltig in den Ohren.

Annegret mit ihrer Puppe, 1951

12

Wirkte das Haus von vorn auch klein und bescheiden, zeigte die Hofseite das wahre Ausmaß seiner Größe. Hier zeigte es seine drei Stockwerke offen, ohne die verspielten Attribute der Fassade, ohne Veranda, Wintergarten und Erker.

Hier durfte es das sein, was es wirklich war: ein dreistöckiges Mehrfamilienhaus.

Jedes Haus hat seinen ganz speziellen Geruch. In einigen riecht es nach Weißkohl und Zwiebelbraten. Dieses Haus roch nach Sauberkeit. Nach Seifenschaum, Bohnerwachs, Mottenkugeln, nach 4711. Und jeden Sonnabendmittag wurden nicht nur die Veranda und die Außentreppe, sondern auch das Trottoir gefegt. Das gehörte sich so.

Aber es roch auch nach Zimtsternen und Klaben im Winter und nach selbst gekochtem Himbeersaft und roter Grütze im Sommer. Erdbeereis gab es nicht. Das fiel unter die Kategorie Verwöhnung.

Länger als ein halbes Jahrhundert war die Wohnküche der Mittelpunkt des Hauses gewesen. Hier standen der einzige Ofen, der Herd, die Wärmespender. Hier wurde einmal wöchentlich die Zinkbadewanne aufgestellt, in der ich, solange ich hineinpasste, dem sonnabendlichen Reinigungsritual unterzogen wurde.

Hier wurde für das leibliche Wohl der Bewohner gesorgt, hier wuchs ich mit mütterlicher Fürsorge und großmütterlichen Küchenliedern auf.

Mit Mariechen, das weinend im Garten saß, und einem Frauenzimmer namens Sabinchen. Die eines gemeinsam hatten. Sie waren auf den falschen Mann hereingefallen. Hier in der Küche wurde ich auf den Ernst des Lebens vorbereitet.

Und auf die wirklichen Werte des Lebens. Das bestickte Tuch über dem Handtuchhalter verkündete, dass in diesem Hause die Morgenstunde Gold im Munde hatte. Und ohne Fleiß gab es keinen Preis. Ganz zu schweigen davon, dass man den Tag nicht vor dem Abend loben sollte. Und, dass Schweigen Gold war.

Doch hier in der Wohnküche fanden auch im Herbst und Winter die »Dämmerstunden« statt, wenn der Tag sich schon am Nachmittag zum Abend neigte.

Dann stand ein Teller mit geschälten Äpfeln und Apfelsinen auf dem Tisch, es duftete nach Kaffee und brennende Kerzen »läuteten« einen langen, besinnlichen Abend ein.

An dem nicht nur geschwiegen wurde. Der Einkaufszettel für den nächsten Tag wurde besprochen, aber auch die höhere Literatur bemüht. Jenseits von Sabinchen und ihrem untreuen Freier aus Treuenbrietzen.

Da wurde bei Kerzenschein sinniert, wie seltsam es sei, im Nebel zu wandern. Und, dass Markt und Straßen verlassen stehen, jedes Haus aber still erleuchtet sei. So wie das unsrige. – Und wer jetzt kein Haus hat, baut sich keines mehr. – Die Stimmungslage drinnen war der Jahreszeit draußen angepasst.

Nach dem Abendbrot wurde dann ein letztes Mal die Tageszeitung gelesen, bevor sie ihrer endgültigen Bestimmung zugeführt wurde. Zumindest solange das Papier knapp war.

13

Nur verschwommen kann ich mich noch an die Vorgängerin des Ofens und des Herdes erinnern, an die
»Hexe«. Besonders an ihr Rohr, das durch die halbe
Küche ging und, silbern angestrichen, im Winter auch
zum Trocknen der Wäsche genutzt wurde. Sofern Holz
und Kohlen zum Heizen in den Nachkriegswintern
auf krummen Wegen »beschafft« werden konnten.

Auf Wegen, die gefährlich waren. Heimliche Wege, wenn Tilla nachts die schweren Taschen und Sä-
cke vom nahen Bahndamm nach Hause schleppte.
Immer auf der Hut vor den Amerikanern, bis sie end-
gültig in Sicherheit war, wenn sie die Treppe zur Veranda erreicht hatte.

Nachkriegswinter, die geprägt waren von Hun-
ger, Kälte und Keuchhusten. Dank der Gemüsehand-
lung im Souterrain gab es Vitamine. Wenn auch
nicht immer auf direktem Wege über die Ladentheke.

Und konnte Hermann auch nicht mehr für seine
Familie sorgen, sorgten doch seine Verwandten vom

Lande für uns. Hamstern gehen musste Tilla nicht. Auch nicht ihren kostbaren Silberschatz, nun wieder ausgegraben, zum Schwarzmarkt tragen. Um ihn gegen Essbares einzutauschen.

Pakete mit Mettwürsten, Milch, Eiern, Speck machten aus unserem grauen Alltag wahre Festtage. Zu besonderen Anlässen fand sich auch mal ein totes Huhn im Postpaket. Mit Federn. Die nicht nur gerupft, sondern unter unsäglichem Gestank abgesengt wurden. Deponiert wurden die Lebensmittel in der Speisekammer. Die an der der Sonne abgewandten Außenwand der Küche eingemauert war und die Haltbarkeit der Lebensmittel für einige Tage garantieren sollte. Die Vorgängerin des Kühlschranks sozusagen.

Hier in der Wohnküche baute ich für meine Puppen unter dem Tisch eine Höhle. Hier machte ich auf demselben Tisch meine Schularbeiten. Hier im Schrank waren meine Spielsachen und Bücher deponiert, die die mütterliche und großmütterliche Zensur passiert hatten. Rotkäppchen und der Wolf, Schneewittchen und die böse Stiefmutter, Hänsel und Gretel und die Hexe unterlagen keinem Kinderschutzgesetz. Sie waren Märchen.

Auch die Lektüre von Struwwelpeter und Max und Moritz wurde zwecks erzieherischer Wirkung

Annegret mit Cousine vor dem Haus, ca. 1951.

gefördert. Pünktchen und Anton und Pippi Langstrumpf dagegen galten als progressiv und schädlich für meine weitere Entwicklung.

Hier in der Wohnküche stand der Radioapparat, um den wir uns am Abend scharten. Und der sofort ausgeschaltet wurde, wenn in den Nachrichten von Wölfen, bösen Stiefmüttern und Hexen die Rede war. Denn Nachrichten waren keine Märchen.

Im Gegensatz zum Keller, der in mir eine Ahnung von der dunklen Seite des Lebens aufkeimen ließ, war hier in der Küche mein geschützter Raum.

Im Schlafzimmer unter Betas Bett aber lag weiterhin der »Überlebenskoffer«, der jede Flucht in den Bunker begleitet hatte. Bei nächtlichen Gewittern zog Beta sich immer noch an. Gestiefelt und gespornt, in Mantel und Schuhen, den Hut auf dem Kopf, saß sie auf dem Bett, den Koffer fluchtbereit auf dem Schoß. Erst wenn der Bombenangriff vorüber und das Gewitter über die Weser gezogen war, konnte sie beruhigt wieder einschlafen.

In ihrer Erinnerung gab es keine geschützten Räume mehr. Nicht nur ihre Seele hatte gelitten, auch die Seele des Hauses war nun eine andere geworden.

14

Mein Lieblingsplatz war der große Ledersessel im vorderen Wintergarten. Hier saß ich und sortierte die Briefmarken meines Vaters aus Persien, Siam, aus Kamerun, Angola, Rhodesien. Und träumte von einer Welt außerhalb meiner Welt. Von einer Welt außerhalb dieses Hauses. In diesem Sessel habe ich die fremde Welt draußen aus Büchern aufgesogen.

Wenn ich aus dem Fenster blickte, sah ich nun Frauen mit weißen Hauben das gegenüberliegende Gebäude betreten und wieder verlassen, Diakonissen.

Der Zeit gemäß war es nun wieder friedlicher Nutzung zugeführt, hatte sich zu einem zivilen Krankenhaus gewandelt. Eines der vielen Betten stand nun auch für Tilla bereit, wenn ihre aufmüpfige Galle es gar zu arg trieb. Und für Beta, wenn sie in regelmäßigen Abständen ihre Knochenbrüche ausheilen musste.

Problemlos ließ sich das gegenüberliegende Gebäude nun in unser Leben integrieren. Wir gingen nicht zu Besuch ins Krankenhaus, wir gingen »mal eben« nach drüben.

Reges Treiben herrschte hier besonders zur Besuchszeit. Spannend wurde es für mich, wenn ein Unfallwagen mit Sirene und Blaulicht vorgefahren kam. Stundenlang konnte ich dann im Wintergarten in der heimeligen Geborgenheit meines Ledersessels sitzen und das raue Leben aus sicherer Distanz an mir vorbeiziehen lassen.

Das Haus war kinderfreundlich. Zumindest äußerlich. Der Zaun verlockte zu Turnübungen und zum Balancieren, die Pforte zum Schaukeln und Schwingen. Zudem war er mir Stütze und Halt bei meinen ersten ungelenken Versuchen, mich auf Rollschuhen zu bewegen. Und auf dem Trottoir davor konnte man Hinkepinke spielen und Himmel und Hölle aufmalen.

Doch das alles war nichts gegen seine Wände. Durch seine herausragende Stellung verfügte das Haus über zwei fensterlose Seitenwände, die sich für uns Kinder hervorragend zum Ballspielen eigneten.

Den Ball auf den Boden trumpfen und gegen die Wand schlagen. Kopf – Wand – Brust – Wand – Arm – drehen – Elle – Wand – Knie ... Es war mein Lieblingsspiel. Nur mir allein gehörten diese Wände. Und wer mitspielen wollte, musste mich fragen. Ein Haus verleiht Macht.

Es herrschte reges Leben und Treiben auf der Straße. Die Schrott- und Plünnenhändler mit ihren Pferdewagen – »Knoken, Plünnen, Oltisen« – waren inzwischen den Motor-Pferdestärken gewichen.

Wenn aber der Drehorgelmann durch die Straßen zog und ich mit einem Groschen nach draußen geschickt wurde, dann hatte der Freimarkt begonnen. Und bescherte mir, aufgrund seiner Nähe, nicht nur musikalische Unterhaltung, die durchaus das Niveau von Betas Küchenliedern hatte, sondern betörte auch mit allen nur denkbaren Wohlgerüchen.

Annegret vor der Veranda, 1963

15

Auf der gegenüberliegenden Straßenseite entstanden neben dem Krankenhaus Wohlstandsläden, die das zum Leben Notwendige ergänzten: Maler- und Tapezierbedarf, Oberbekleidung und Elektroartikel im Angebot. Die Sparkasse an der Ecke lud zum Sparen ein. Und die Telefonzelle davor ermöglichte uns Kontakte nach außen, die ich mit zunehmendem Alter so nötig hatte wie das tägliche Brot.

Lebensmittel gab es auch weiterhin in unmittelbarer Nachbarschaft. Beim Bäcker drei Häuser weiter, dem Beta jedes Jahr vor Weihnachten ihren selbst gefertigten Klabenteig zum Aufbacken anvertraute. Das Milchgeschäft lag um die eine Ecke und der Gemüseladen um die andere, der Fischhändler direkt nebenan und der Schlachter im eigenen Souterrain. In der Hemmstraße war für alles gesorgt. Ein Haus in bester Lage also.

Nur für Bäume war in der Hemmstraße nun kein Platz mehr.

Doch da war das Haus schon in die Jahre gekommen. War es bei seiner Erbauung mit allen neuen Errungenschaften seiner Zeit ausgestattet worden, mit elektrischem Licht und einem Wasserklosett, war es nun nicht mehr up to date.

Eine Heizung musste eingebaut werden und eine Dusche, ein Telefonanschluss wurde gelegt.

Das Haus trug es mit Contenance, auch wenn es die Heizungen gern wie einen Fremdkörper abgestoßen hätte. Es hatte vielem getrotzt, ohne aufzumucken. Den Bomben. Den Ratten, die es von unten her besetzen wollten. Dem brennenden Tannenbaum, der die Gardinen in Flammen gesetzt und es fast in Schutt und Asche gelegt hätte. Wäre Beta nicht im richtigen Augenblick zur Stelle gewesen und hätte das Feuer mit einer Wolldecke erstickt.

Als auch ich in die Jahre gekommen war, und zwar in die unruhigen, läufigen, bot es auch mir, wenn ich mit wund getanzten Füßen nach Hause kam, Zuflucht und Schutz in dunkler Nacht. Erst wenn ich die Veranda erreicht hatte, konnte ich sicher sein vor aufdringlichen Freiern, die sich, am nahen Straßenstrich hinter der Eisenbahn nicht fündig geworden, hartnäckig an meine Fersen geheftet hatten.

Doch wenn ich die sechs Stufen zur Veranda hinaufstieg, ergriff mich immer noch ein beklemmendes Gefühl. Konnte sich nicht doch vielleicht ein Nachtschwärmer, der den Weg nach Hause nicht gefunden oder gar kein Zuhause hatte, auf der Bank eingenistet haben? Erst nachdem ich die Windfangtür hinter mir geschlossen hatte, fühlte ich mich wirklich geborgen.

16

Dann kam die Zeit, in der ich dem Haus den Rücken kehrte. Es wurde mir zu eng. Ich kam nur noch zu Besuch vorbei, fühlte mich für Stunden wohl in seiner vertrauten Heimeligkeit und fühlte mich genauso wohl, wenn ich es wieder verließ. Wir wurden uns langsam fremd.

Dann starb Beta. Das Haus wurde verkauft, ging in andere Hände über. Chaiselongue, Büfett und Kredenz hatten ihre Schuldigkeit getan. Ebenso Heinrichs riesiger Panzerschrank, in dem Beta nicht nur ihr Sparkassenbuch verwahrt hatte – einst in Goldmark eingerichtet und nun in D-Mark notiert. Auch ihre Hochzeitszeitung mit dem Flitterwochen-Kalender und der Gardinenpredigt hatten darin überlebt.

Und Mettas und Hermanns Stammbuch, in dem Betas und Maries Geburten amtlich beurkundet waren. Mit Raum für sechs weitere Geburten. Und

Das Haus, ca.1969/70

den Tarifen für eine standesgemäße Beerdigung erster bis fünfter Klasse. Schließlich sollte das Stammbuch allen Lebenslagen gerecht werden. Wobei sich die Klassen dadurch unterschieden, ob die Gespanne von zwei oder vier Pferden gezogen wurden und die Kutscher mit einem dreieckigen oder mit einem runden Hut bekleidet waren.

Doch von der Qual dieser Wahl blieben Beta und wir verschont. Die Zeit hatte Pferde, Kutscher und dreieckige Hüte aus ihrem Stammbuch gestrichen.

Das Haus trug nur kurzzeitig Trauer. Es passte sich auch den Bedürfnissen der neuen Bewohner an. Nach einem dreiviertel Jahrhundert in strahlendem Weiß wurde es nun leuchtend gelb gestrichen. Auch das hat es überlebt. Nur das Überleben der Eisblumen war durch die neuen Thermopenscheiben nicht mehr garantiert.

Jetzt hat es sich wieder auf seine Tradition besonnen, hat zum schlichten Weiß, leicht graustichig, zurückgefunden. Es hält, so scheint es, immer noch auf Stil. Nur die Bank auf der Veranda hat inzwischen einem Fahrrad Platz gemacht.

Das Haus in den achtziger Jahren

Kommt es mir nur so vor oder beginnt es sich zu ducken, kleiner zu werden, zwischen den fast übermächtigen Gebäuden links und rechts an seiner Seite?

Zwanzig Jahre ist es mein Haus gewesen. Es hat mich streiten, lachen, weinen sehen, meine erste Liebe miterlebt und meine erste Enttäuschung. Und es hat mich geformt. Mit seiner Geradlinigkeit. Ein schlichtes Haus, ohne Verzierungen, ohne äußeren Pomp. Mit seiner Standhaftigkeit. Und seiner Neugier. Durch seine vorstehende Lage hat es den besten Überblick. Es hat nicht nur die Geschichte Findorffs, die Geschichte Bremens, nein, einen Teil der Weltgeschichte miterlebt – durch den Blick auf das Gebäude gegenüber.

Das Haus 2014

17

Viele Jahre, Jahrzehnte, sind inzwischen vergangen. Die Hemmstraße wurde verkehrsberuhigt, die Straßenbahn durch einen Bus ersetzt. Neue Bäume wurden gepflanzt, die heilsamen Schatten spenden und im Herbst braune Blätter auf die Veranda wehen. Dem Haus könnte die neue Ruhe gefallen – in seinem Alter. Das gegenüberliegende Krankenhaus wurde abgerissen und durch ein Altersheim ersetzt, eine Senioren-Residenz. Im Erdgeschoss ist ein Eiscafé eingezogen.

Heute wünsche ich mir manchmal, ich könnte wieder im Wintergarten auf dem gepolsterten Ledersessel sitzen und dem Treiben auf der gegenüberliegenden Seite zuschauen. Besonders im Sommer, wenn die Jungen vor der Eisdiele Schlange stehen und die Alten sich zu einem kleinen Plausch an der Ecke treffen.

Stattdessen sitze ich vor der Eisdiele, bestelle mir ein Erdbeereis und schaue zum Haus hinüber. Ich muss meinen Stuhl ein wenig nach rechts rücken, damit ich es voll im Blick habe.

Ich höre das Schlagen der Standuhr, das Knarren der Treppen, das Rumpeln und Quietschen der vorbeifahrenden Straßenbahn, die Musik vom nahen Freimarkt, die mich beim Einschlafen begleitete und mir Verlockungen für den nächsten Tag versprach. Ich höre den hellen Sopran meiner Mutter und meine nicht ganz so hellen Blockflötentöne, die mir stets ein geheimes Taschengeld unserer Nachbarin einbrachten, wenn ich sofort mit dem Üben aufhörte. Wozu es nicht allzu großer Überredungskunst bedurfte. Ich höre die sanfte, wilde Stimme von Elvis und sehe mich vor dem Plattenspieler, in Petticoat und Stöckelschuhen die ersten unbeholfenen Tanzschritte machen. Ein Teenager, der kein Backfisch mehr sein wollte.

Ich sehe einen jungen Mann die Treppe zur Veranda hinaufsprinten. Die rostige Pforte quietscht wie eh und je.

Das Gebäude mit Eisdiele gegenüber, 2012

Final I

Vieles klingt nach. Auch wenn die Töne leiser werden, verschwommener, so sprechen wir doch dieselbe Sprache, das Haus und ich, haben eine gemeinsame Geschichte.

Und doch gehöre ich nicht mehr zu ihm. Ich gehöre jetzt auf die andere Seite.

2005

Das Haus von der Eisdiele aus gesehen, 2012

Final II

Ich sitze wieder vor der Eisdiele und habe meinen Stuhl ein wenig nach rechts gerückt. Die Bäume in der Hemmstraße sind größer geworden und geben den Blick auf das Haus nur noch in Teilen frei. Aus dieser Sichtweise wirkt es sehr verwunschen.

Oder versteckt es sich?

Aus der Nähe betrachtet ist es wieder einmal dem Zeitgeist anheimgefallen, dem Mainstream. Der sich in zwei Nebenarme aufteilt. Einige der alten Häuser werden liebevoll restauriert. Andere dienen nur noch der Gewinnmaximierung. Der neue Besitzer des Hauses scheint auf Letzteres zu setzen.

Auf der Veranda teilen sich neun Briefkästen die einzige freie Wand. Die Gardinen vor den Fenstern ähneln Wolldecken und Handtüchern. Fahrräder lehnen am Gitter. Studenten wohnen hier, Menschen aus unterschiedlichen Kulturkreisen. Multikulti eben.

Das Haus, 2012

So wie die Menschen, die vor hundert Jahren im Gebäude gegenüber einen Platz gefunden hatten. Vorübergehend. Gestrandet und doch im Aufbruch. Weil sie kein solches Haus ihr Eigen nennen konnten und auf ein besseres Leben in der Zukunft hofften.

Das Haus wird allen gerecht. Auch heute. Es bietet allen Platz. Es geht wie immer mit der Zeit.

Und es bleibt das, was es immer war – eine Seele von Haus.

2012

Kaffeekränzchen, ca. Anfang der fünfziger Jahre

Die Hüte meiner Großmutter

Sie stammt noch aus jener Zeit,
als Töchter vor allem behütet aufwuchsen.

Und so gleichen ihre ersten Hüte
über Schnürtaille und hoch drapiertem Hintern,
über gerüschtem Dekolleté und Ballonärmeln,
eher Wagenrädern,
großzügig mit Blumen und Federn dekoriert.
Sie verleihen ihr Größe und geben ihr Schutz
vor der Sonne, nicht vor den Blicken,
die durch die lange, spitze Hutnadel,
waffenscheinverdächtig,
auf Abstand gehalten werden.
Als junge Frau geht sie im langen, weißen Kleid,
ganz Spitze, zum sommerlichen Picknick,
ein üppiges Blumenbeet aufgetürmt auf dem Kopf
und sich ihrer Schönheit und Anmut wohl
bewusst.

Dann kommt sie unter die Haube.

Als junge Frau, ca. 1910

Dann wird sie Witwe, früher als alle anderen,
und tauscht den weißen Hut gegen einen schwarzen ein,
das Gesicht hinter einem dunklen Schleier
verborgen,
was ihre kleine Tochter in Angst und Schrecken
versetzt.
Sie heiratet wieder. Und lässt sich scheiden.

Das Korsett hat sie abgelegt.

Mondän und verrückt ist jetzt angesagt.
Verwegen lässt sie sich
im kniefreien Badeanzug ablichten,
das Haar durch eine wollene Haube geschützt.
Ihre Referenz an diese Zeit:
Zum gewagten Charleston-Look
trägt sie Hüte, eng anliegend,
bis in die Stirn und über die Ohren gezogen
wie die Kappen der Rennfahrer und Flieger.
Dazu eine elfenbeinfarbene Zigarettenspitze,
die sie elegant zu halten weiß.
Letzteres wird ihr bis zum Ende ihres Lebens
den Hauch von Extravaganz verleihen.

Beta (zweite von links.) mit kesser Badehaube, ganz links Tilla, fünf Jahre alt, ca. 1922

Die Mode dieser übermütigen Jahre tauscht sie
schon bald gegen die feminine
und schlichte Eleganz einer ungewissen Zeit ein:
Hüte,
deren breite Krempe, heruntergeschlagen,
einen Teil des Gesichts in Schatten legen
und dem Blick etwas Geheimnisvolles verleihen,
das fast schon einem Versprechen gleichkommt.

Dann kommt der Krieg.
Mit den Männern verschwinden auch Geheimnis
und Versprechen. Schwarz ist wieder angesagt.
Ihre Hüte tragen dem Rechnung,
ähneln Zylindern, die nach oben spitz zulaufen.
Hüte,
deren Verwegenheit darin besteht,
dass sie schräg getragen werden,
zum Spaziergang, zur Hochzeit der Tochter,
nur zum Rendezvous noch ein bisschen schräger.
Sie muss auf der Hut sein,
weigert sich, den rechten Arm zu heben,
ist stolz und kantig wie ihre Kopfbedeckung.

Beta, Marie und Tilla, Anfang 1939

Und dann muss sie mich behüten.
Das Tirolerhütchen steht mir besonders gut.
So komme ich ins Bild, danach das
Wirtschaftswunder,
und die Hüte werden wieder weicher, runder,
bekommen wieder Schwung, Blumen, Schleifen,
variieren in neuen Formen und Exzessen,
kess oder romantisch, flippig oder bieder.
Noch ein letztes Mal will sich der Hut bewähren.

Sie trägt leicht daran,
zum Kaffeekränzchen wählt sie Feder,
für Beschwerden holt sie den energischen aus dem
Schrank,
bei Sonnenschein wagt sie Farbe.
In ihrem Alter!
Dann werden die Hüte phantasieloser,
nach praktischen Werten bemessen,
grau und beige, regenabweisend, knitterfest,
zum schlichten Kostüm, taubenblau.
Accessoires stören nur.

Reta und Annegret am Kaffeetisch, 1951 in Mittelsbühren

Als sie achtzig wird, kauft sie ihren letzten Hut.
Er hat einen rein nützlichen Effekt.
Sie friert am Kopf.
Sie friert auch innerlich.

Als Hüte aus der Mode kommen,
stirbt sie.

*Im Bürgerpark vor dem Marcus-Brunnen,
ca. 1963*

Bildnachweis:
Labor Migration Project der Universität Bremen: 6u
Verlagsarchiv: 2, 60, 71
Umschlagabbildung: Isa Fischer, Bremen
Alle übrigen Fotos: Annegret Wienberg

1. Auflage 2014

Copyright © Edition Falkenberg, Bremen
ISBN 978-3-95494-031-8

www.edition-falkenberg.de